Palabras, tangos y el último café

Palabras, tangos y el último café
Primera edición: abril 2025
Reservados todos los derechos:
Ediciones Torremozas

© Inma Arrabal
Ilustración de cubierta: Acasais
© de esta edición: Ediciones Torremozas

ISBN: 978–84–7839–946–8
Depósito legal: M–8160–2025

EDICIONES TORREMOZAS
ediciones@torremozas.com
www.torremozas.com

Inma Arrabal

Palabras, tangos y el último café

LA NOCTÁMBULA

El último café

Llega tu recuerdo en torbellino
vuelve en el otoño a atardecer
miro la garúa, y mientras miro
gira la cuchara de café.
El último café
que tus labios con frío
pidieron esa vez
con la voz de un suspiro.
Recuerdo tu desdén
te evoco sin razón
te escucho sin que estés.
«Lo nuestro terminó»
dijiste en un adiós
de azúcar y de hiel.
Lo mismo que el café
que el amor, que el olvido
que el vértigo final
de un rencor sin porqué...
Y allí, con tu impiedad
me vi morir de pie
medí tu vanidad
y entonces comprendí mi soledad
sin para qué...
Llovía y te ofrecí, ¡el último café!

(El último café -Tango
música: Héctor Stamponi
letra: Cátulo Castillo)

Introducción

Estos escritos han salido al recordar una etapa de mi vida que fue muy especial, en la que tuve la ocasión de visitar y formar parte de dos lugares emblemáticos: El piano-bar Klavier (por entonces regentado por Joan Miró, magnifico guitarrista del grupo Lone Star, que allí tocaba el piano) y otro piano-bar, La Tetera, (su dueña, Esther Carbonell, una estupenda cantante y persona maravillosa). En este último local, con gran satisfacción por mi parte, organicé tertulias de poesía, durante unos años.

Quiero agradecer, con estas palabras, todas mis vivencias por esas fechas, en ambos «pianos», que por desgracia están ya cerrados, y en los cuales conocí a personas, algunas famosas y otras no, que siempre permanecerán en mi recuerdo.

No puedo nombrarlos a todos, el tiempo pasa y la memoria falla, pero por supuesto, aparte de Joan Miró y Esther, tengo que citar aquí a los tres hermanos de La Torre: Juan, Carlos y Emilio. Muchas noches me dedicaban con mucho cariño, «La Boheme», de Charles Aznavour, una de mis canciones preferidas.

También al pianista, Alex Pedro. Compusimos canciones que nadie conoce, él la música y yo la letra, las cantábamos en La Tetera cuando solo había algún amigo.

A Martín Fernández, que también tocaba el piano los lunes, los días de mis tertulias, junto a Fernando Díaz Palacios, genial cantante de tangos como «Volver», «Por una cabeza» y «Naranjo en flor». A ellos tengo que agradecerles ese «último café». Lo interpretaban para mí y siempre tenía sabor de amistad verdadera.

Tampoco puedo dejar de nombrar a Andrés Rivera. Lo mismo tocaba tangos o baladas en el piano, que también nos ofrecía rancheras con la guitarra y el grupo de mariachis del que formaba parte. Después desde La Tetera nos acompañaba en su coche hasta el Klavier.

Y Rudy Ventura, que cuando venía nos deleitaba con su «balada triste de trompeta», Violeta «La burra», entregando rosas y haciéndonos siempre sonreír. Beto «el negrito», con su sombrero elegante, que me dejaba poner algunas veces porque decía que me sentaba muy bien. Personas queridas, a las que hace tiempo que no veo, (algunas ya no están) y que coincidimos en esos lugares muchas veces: Chano Montes, Jordi Sibón, José Martínez, Sagrario Carreras, Joan Ignasi Ortuño, María José Jiménez, Stella Avellaneda, Carmen Comas, Maite León, Mercedes Ibáñez, Silvia Querini, Ángel Llàcer, Pilar Sanjuan, Marc Romagosa, Ramón Pierrá, Antonio Bustamante, Carlos Fajardo, Teresa Serra, Pepe Portillo, Carlos Olalla, Anais Roncal, Manuel Romero, Mercedes Oliveras...

Y que me perdonen las que no cito, pues tengo sus caras, pero se confunden en mi cabeza sus nombres. De cinco de ellos he conservado un escrito que les hice y que incluyo en la última parte de este libro, porque es la única manera que tengo de darles las gracias por esos momentos intensos que vivimos juntos y que al recordarlos me ayudan a soltar parte del «lastre» que siempre llevo dentro. Mi recuerdo y mi afecto para todos.

Inma Arrabal

Prólogo

Hay libros que no solo se leen, se sienten. Este es uno de ellos. En estas páginas, Inma Arrabal ha dejado algo más que palabras: ha depositado una parte de su alma. Cada fragmento, cada línea, está impregnada de vivencias que trascienden el tiempo, de recuerdos que se entrelazan con tangos y de un profundo sentido de nostalgia que invita al lector a mirar hacia dentro.

Este texto no busca dar respuestas ni imponer certezas. Es más bien un diálogo íntimo entre la autora y su pasado, una conversación abierta en la que la música, los encuentros y la melancolía actúan como hilo conductor. Aquí, las palabras se convierten en refugio frente al inevitable paso del tiempo, en un intento de preservar momentos y emociones que han dejado huellas indelebles en su vida.

Inma nos transporta a dos lugares emblemáticos que marcaron su camino: el piano-bar Klavier y La Tetera. Estos no eran simples locales; eran escenarios donde se vivía intensamente, donde la música se entremezclaba con las palabras y las amistades florecían bajo la luz tenue o el brillo del piano. En esos espacios, la autora no solo encontró inspiración, sino también compañía y consuelo en las noches en que la vida parecía pesar más.

Las personas que habitaron esos lugares también tienen su espacio en estas páginas. Joan Miró, Esther Carbonell, Martín Fernández y otros nombres que emergen como testigos y partícipes de una etapa única. Cada uno dejó su huella en el corazón de Inma Arrabal, ya sea a través de una melodía, una conversación o un gesto compartido. Es a ellos, y a lo que representan, a quienes dedica este homenaje.

El tango, omnipresente en la obra, no es un detalle y no es menor. Para la autora, el tango es más que música: es una forma de sentir y de narrar la vida. En sus compases conviven el dolor y la esperanza, la pasión y la resignación, lo perdido y lo que aún queda por descubrir. Por eso, cada página de este libro lleva consigo la cadencia de un tango, como un eco que acompaña al lector desde el inicio hasta el final. Para mí, como argentino, tanguero y poeta, cada página de este libro me parece que es una flecha que va directa al corazón.

Inma me honró al elegirme para hacer este prólogo, pero creo que esa elección no ha dependido de ella, sino del azar. El destino de ambos. Gracias a él nos hemos encontrado por internet y con estos escritos. Porque yo siento y hablo de lo que me atraviesa, como puede ser el tango, y eso me ha unido con una persona que, a miles de kilómetros, y sin conocernos personalmente, también se siente atravesada por las mismas cosas. Hete aquí la magia de la música, del tango y también del destino.

Leer estas páginas es entrar en un espacio íntimo, en un refugio construido con recuerdos, emociones y palabras que buscan encontrar su lugar en el presente. Es un libro que no se limita a contar una historia, sino que invita al lector a sumergirse en la memoria, a explorar los rincones donde habitan sus propios tangos y a compartir la melancolía y la belleza que solo el tiempo puede revelar. La introspección de la autora te invita a realizar otro tanto. Inma Arrabal nos entrega aquí algo valiente y auténtico. Nos muestra que, aunque el pasado puede ser un lugar doloroso, también es una fuente inagotable de significado. Y que, incluso en la soledad y el desamparo, siempre hay música, siempre hay palabras, siempre hay un último café.

Invito al lector a recorrer estas páginas con calma, dejándose llevar por la cadencia de las palabras, permitiendo que los recuerdos de la autora dialoguen con los suyos propios. Porque, al final, éste no es solo el libro de una persona: es una obra que habla a cualquiera que haya sentido la pérdida, la nostalgia y la esperanza, y que haya encontrado consuelo en el arte.

Que estas páginas, como un tango, te envuelvan, te emocionen y te acompañen, como lo han hecho conmigo que las he leído presintiendo que el leído era yo.

Sigfrido Quiróz Tognola

(Programador, fotógrafo, lector, cantante, poeta. Vividor de vida. Todo eso y también nada de eso).

– I –

La hora indefinida de esta noche sin fisuras
y que parece eterna
nos perseguirá con susurros al oído.

1)

Si llamas al cristal de mi ventana, si escuchas algo que
te suene extraño, si la soledad te sabe amarga y durante
veinticuatro días desentierras verdades absolutas, entonces,
exprime tu llanto y deja pasar las horas.

El tiempo se acaba, convirtiendo en arena tus huesos, tus
años. Sin embargo, la espera y la impotencia están aquí, y
también mis palabras. Palabras que nadie me ha pedido y
que probablemente no interesen, pero con ellas se me va la
vida. *El que no llora no mama...*
Si me resbalo, y si bebo aire de un tenue suspiro, que sea
con música de tango y mil recuerdos. Música de tango y
recuerdos, tango y recuerdos...
...corriéndole un telón al corazón
Y así sucesivamente.

2)

Quiero terminar pronto este trabajo sin red. Quiero perder el equilibrio, saltar al abismo. Y comprobar después si es verdad que la muerte acaricia con mariposas de colores.

...Sentir que es un soplo la vida, que veinte años no es nada...

3)

Mi alma está sin luz, sin calma. El silencio me sabe a tierra verde y todo lo que escribo me araña como una rama desgajada del olivo al que pertenece.

Pesa tanto la vida del camino tan largo... *he venido por última vez, he venido a contarte mi mal...*

> El sueño contraataca,
> se enciende en sonidos
> de bombas y metralla.
> Mueren las hojas secas,
> el agua se derrama.

Creo que las palabras ya no sirven de nada. Ni siquiera para explicar estúpidas necesidades ni la derrota contra las injusticias.

Si uno vive en la impostura y otro roba en su ambición...

4)

Cuando aprieta la vida, escuchas un tango y te muerdes los labios. La voz se cuela por el aire. *Caminito que el tiempo ha borrado...* Enciendes una vela y lloras.

La emoción es siempre pasajera, remueve las entrañas de la noche para alumbrar el día.

Y eso es solo un hilo de esperanza rozando algún recuerdo.

5)

Escribo en busca de una respuesta y me disfrazo de oso para vivir otra vida. Aun así, siempre me persigue el desengaño.

Todavía no aprendí a tatuarme alguna primavera.

Uno está tan ciego en su penar...

Y la música suena...

6)

Esta tarde la lluvia se pasea en el otoño. Mi paraguas de sueños cobra vida durante un minuto. Después en el corazón solo queda un ***vértigo final,*** algunas nubes negras y una tormenta rota.

Siempre supe que la rutina era una especie de alimaña.

Corre, corre barcarola que la luna se escondió...

7)

Los blancos crisantemos que guardaba donde duerme la tarde, han desaparecido. Me queda su reflejo bailando con desenfreno un tango encima de la cama, como quien ensaya una despedida, y me deja en la boca el sabor de una muerte negra e imperfecta. Sin agonía. Pero con un agrio y perplejo desconsuelo.

...Sentir que es un soplo la vida...

8)

Susurros de irrealidad quiero pagarle a la vida, solo por un pedazo de cielo, aunque sea desteñido.

Una rata me cruza el pensamiento. Feliz en su inocencia, no sé por qué, siempre encuentra un agujero donde resguardarse. Igual que un perro solitario. Y ahora se van los dos. El perro y la rata. Los he creado. Son irreales.

Imagino que acabo de pagarle así el precio a la vida. Pero reina el silencio y el cielo desteñido no aparece. Ya he perdido la poca esperanza que tenía de conseguirlo. Lo real nunca llama a la puerta, simplemente la atraviesa. ¿Será, quizá, por eso por lo que el perro y la rata no son tan irreales como yo pensaba?

La puerta de mi mente ya está abierta. *No hay portero ni vecinos...*

9)

Mueren los días vividos sobre un cofre de invierno. Hay polvo azul en el desván y rescoldo en las sombras.

Usaré un poema de abrigo para cubrir la noche y no me esperéis despiertos. Llegaré rota, cansada de bailar, sucia y con manchas de tinta en la mirada y en las manos.

Por una cabeza, todas las locuras...
En mi corazón un tango.

10)

En el «piano-bar», los amigos del jazz se citan. Brotan las tragedias y las despedidas, una canción suena, y un beso se atraganta con el humo de los cigarrillos.

En cuatro burbujas, **una promesa y un suspirar**...

Alguien canta un blues, y yo estoy equivocada porque solo escucho tangos.

No olvides, hermano, vos sabés, no hay que jugar.

Es difícil brindar con violetas oscuras por amores fáciles y un saxofón agrietado me dedica **un último café**. Tiene sabor amargo de sexo y de pecado. ¿Por qué lo confundo siempre con el sonido de un bandoneón?

11)

Cubro la distancia que me separa de los demás con frases inútiles para disimular la muerte en mi vida. Cada vez que les miro la distancia entre nosotros se alarga. Y no sé si, con los años, nos hemos convertido todos en mentiras, pájaros, niños o, simplemente, en silencio. ¿O quizá en el sonido desgarrado de un tango?

Uno busca lleno de esperanza el camino que los sueños prometieron a sus ansias...

12)

El pasado se persigue a sí mismo y en la mente me hierve una locura: escribir sobre un papel de arena cantos de hormigas y trabajos de cigarras.

Suelo quedarme en el umbral de la primera página con música de tango, y nunca lo consigo.

Que el mundo fue y será una porquería, ya lo sé...

¿Por qué no puedo recordar, de una vez a otra, que la arena, siempre, se me escapa de las manos?

¡Todo es igual! ¡Nada es mejor!

13)

Cuando se encienden las estrellas de la noche, un oscuro lenguaje me acompaña siempre.

El campo se ilumina con luz de luna creciente y se percibe un no sé qué de aroma a brotes tiernos.

Antes, me gustaba soñar con golondrinas en sus nidos, con árboles dorados por el sol, con eucaliptos gigantes que, agitados por un viento de esperanza, se movían al ritmo de los sueños de la niña que fui. *La mano del tiempo su huella borró...*

Pero ahora, en el ocaso, siempre veo escritas, entre otras, tres palabras que sobresalen: Silencio, Impotencia e Injusticia.

Sabiendo eso ¿quién puede seguir soñando?

Amanece. Ya no soy esa niña. Los tangos que bailé en mi juventud han desaparecido. Sin embargo, el oscuro lenguaje permanece a mi lado, y ni siquiera es *la voz de un suspiro* lo que surge de mi boca sin remedio.

¿Te creés que al mundo lo vas a arreglar vos?

14)

Hoy por hoy, no tengo nada. Ni tan siquiera empuje para seguir luchando.

Llevo días sin pensar en nada, sin leer nada, sin dormir nada. Sin hacer nada.

Cualquier día es igual que ayer o mañana y parece que nunca se termina. Pero sí termina.

Y al final todo se reduce *a comprender mi soledad sin para qué... Llovía...*

...termina la función...

Y sigue lloviendo.

15)

A veces pienso que la tristeza es mi destino. Una ciénaga vacía me llena, un desierto estéril consigue que me broten ramas secas en los brazos.

Y resuena últimamente en mis oídos un melancólico tango con sabor a ausencia. *Si yo tuviera el corazón, el mismo que perdí...* Su sonido parece interminable. No entiendo qué quiere decirme.

En esta vida, creo que uno solo se comprende cuando deja de apoyarse y de vivir en los recuerdos.

O, quizá, ¿es eso la muerte?

La muerte, esa ruta secreta,
que te hace atravesar
el cíclope ojo de la noche.

¿Qué importa perderme mil veces la vida? ¿Para qué vivir...?

16)

Mi vida es pura rutina. Se me hizo cotidiana. Parece difícil vivir así, pero una se acostumbra. Y eso es lo malo. O lo peor.

(Hay sumas que nunca cuadran y restas que acaban con todo, quizá por eso me duelen todas las personas que no seré)

...mezcla de rabia, de dolor, de fe, de ausencia...

17)

Llevo letras de tangos sin frenos escondidas en mi chaqueta negra en una parte de la solapa rota. Relucen metálicas, transportan desolación y están llenas de lástima sobre las teclas de un piano.

Todo duele cuando esperas promesas que nunca llegan. El alma se vuelve gris, y, en silencio, se queda sola, sin palabras, sin música, sin nadie.

Sin volver a tomar, con los que amas, *el último café.*

¡No pienses más, sentate a un lao...!

18)

Aprisiono en las manos una docena de notas, con ira, angustia e impotencia.

¿Acaso vosotros pensáis que las cosas han cambiado o que están cambiando para bien? Yo, cada día, sigo viendo a seres humanos beber amarguras a puñados por la boca.

¡Cualquiera es un señor! ¡Cualquiera es un ladrón!

Miro mi reflejo en el espejo con reproche y mucha rabia. Y eso me hace cada vez un poco más triste.

Cada cual tiene sus penas y nosotros las tenemos...

19)

Quisiera gritar, salir del círculo que me aprisiona, el circulo vicioso de la ambición y de la ignorancia, pero la salida está cerrada y no hay llave de gritos que logre abrir esa cancela.

Y la busco.

Y la sigo buscando.

Cada día.

(No; no encuentro la llave y los gritos por las calles corren)

Después… ¿qué importa el después?

¡Todo, todo se olvida…!

20)

¿Acaso late el filo de la hoja de un cuchillo? ¿Tras el cristal de una ventana se esconde siempre un no sé qué de soledad, lluvia y altos muros? ¿En el pálido espejo de las almas se reflejan los años, la desnudez humana, charcos de agua sucia y barro?

Preguntas cárdenas.

Sin vida.

Aguardan el momento preciso para darte una dentellada.

Aletean en mi mente al morir la tarde y ni siquiera obtengo respuestas en el papel cuando logro escribirlas.

Desde mi triste soledad veré caer las rosas muertas...

21)

Las nieves del tiempo platearon mi sien...
Es en vano salir a buscar respuestas **con el alma vacía**
de luz, dicha y aromas, cuando está llena de chasquidos,
páramos, crujidos y desiertos.

Y también de su propio temblor e incertidumbre.

Primero hay que saber sufrir...
...y al fin andar sin pensamiento...

22)

Dentro del corazón, los sueños hilados en la infancia se han deshilachado en el laberinto de la vida. No queda tiempo para encontrar esperanza. Aunque hay algo más triste que perder la esperanza: no tener la ilusión de una esperanza.

A la verdad se la comieron las mentiras de costumbre, y yo intento crear una soledad con un poco de luz y habitable, pero los pinos me dan sombra todo el día. Incluso por la noche.

...las estrellas celosas nos mirarán pasar...

23)

La razón me tiene prisionera detrás de un parpadeo. Veo historias sin futuro en almas vagabundas y oscuros agujeros para caerse dentro. Y si yo caigo, está vez no es seguro que pueda levantarme.

Para poder hacerlo tendría que pintar de colorines la sangre de mis venas. Y darme cuenta así de que escribir palabras por la noche, *bajo el burlón mirar de las estrellas...,* aún puede servirme de algo.

No sé por qué todavía sigo en pie.

Si ya estoy rota.

24)

Lo que escribo no puede regresarme a lo palpable, a lo inmediato. Pero me sigue como un murmullo que no tiene sangre ni cuerpo y que se lleva por delante todo lo que yo quiero.

Es como un pájaro negro sin alas, o como un alma blanca a punto de morirse en el silencio.

La vida es como una soga. Te aprieta, cada minuto, cada segundo. Y esta noche tengo una pena que parece mucho más que una. Quizá porque el murmullo que me seguía se ha convertido en ruido y se ha escondido debajo de una piedra. Está arañando con dureza mis oídos, y eso hace que me sienta todavía más triste y a punto para bailar un último tango.

...Siento que tiemblan las baldosas...
...Tango querido...

25)

Un camino color del cobre, un viento que se oculta en el ocaso, un amor eterno que ya no habla, un silencio antiguo con olor a rosa seca, no hay música para bailar un tango y sí, mucha soledad en las paredes de mi casa.

¡Cómo ríe la vida...!

Después de tantos años, acabo de encontrarme de pronto con todas las cosas que ya no tienen ninguna solución.

Si lees esto que escribo...

Hoy vas a entrar en mi pasado, en el pasado de mi vida...

– II –

Entre fachadas doradas y caliches ocres
he roto la frontera de la responsabilidad.
Y, ahora, el viento está calando hondo
en mis sueños infantiles
alejándolos del sol.

26)

Un pensamiento con ausencia total de violencia me hace sentir la vida. Abierto a la nostalgia, permanece siempre conmigo.

El otoño se acerca y abanica las hojas de los chopos meciéndolas esta mañana. El verano, de mi libro azul, se sale diciendo adiós y se me escapa por la enredadera del jardín de los años felices.

... alfombras que no hacen ruido... y mesa puesta al amor...

Y no se puede *volver...*

27)

Toda mi vida es el ayer que me detiene en el pasado...
Sobre un ramo de crisantemos blancos, mi corazón descansa después de transitar de día por mi camino. De noche, sigo recordando algunos de mis sueños, por rutina.

He empezado a vivir de mis recuerdos y ya no hay vuelta atrás. En resumen, todo va pasando mientras llega la muerte.

¡Dale que va! ¡Que allá en el horno nos vamos a encontrar!

28)

Mi memoria está sujeta, atada y enredada por los sarmientos de la vida.

Hay mucho polvo seco cruzando los rastrojos de la historia. Hasta el punto, que me araña las manos, y me impide escribir música en la lluvia.

Por eso, creo que solo dejaré, **con el alma aferrada,** para quien quiera leerlas, sílabas de estopa dormidas en un silencio oscuro, donde yace un piano desafinado. *Un dulce recuerdo que lloro otra vez...*

29)

De sol a sol dos perros me siguen fieles. Eso es suficiente, a veces, para que no duela el alma.

Mi infancia, noche de diciembre fría, trepa por sueños imposibles a prueba del tiempo y, en ocasiones, se columpia por etapas de mi vida.

Aunque ahora estoy retenida en espesas telarañas, y casi he olvidado que me siguen dos perros fieles, sigo caminando. Caminamos los tres por la plaza gris de mis preguntas donde inquietas golondrinas, envueltas en bufandas invisibles, van borrando con sus alas las fachadas de las casas. Quizá creen que en ellas está escrita la respuesta a mis preguntas, porque mis golpes de tristeza aun no son suficientes para robarme las ganas de sonreír, todavía, alguna vez.

Siempre creo que escribo para hablar con mi pasado. Eso me agota. *Los recuerdos pasan con una estela,* y los dos perros se han dormido, cansados y aburridos, en un banco de la plaza de *Corrientes, tres, cuatro, ocho...*

30)

Cada día que pasa tengo más rasgada el alma. Y no se puede medir el sufrimiento ni la angustia ni la libertad absoluta. Pienso que yo no puedo ni debo, ni siquiera sé medir el todo o la nada.

¿Por qué causa es siempre mía esa cruel preocupación...?

(Y no sé si soy yo la que soy ahora o he dejado o vuelto a ser la que antes era)

31)

Creo que nunca estoy en ningún lado y que solo tengo lo que escribo y los recuerdos: *tango, piano, estera y velador...*

Alguien dijo que vivir del recuerdo es otra forma de morir, quizá es cierto, pero yo no estoy segura.

Vivo cansada ya de imaginar millas de flores y en una duna oxidada me he sentado para esperar que choque el cielo contra el aire y que todo explote en ocres y amarillos.

Uno va arrastrándose entre espinas...

32)

Un murciélago arrastra, con sus tenebrosas alas, la rueda de mi vida por el barro. Desdeñando lo fugaz y, de una manera exacta, el limo se vuelve humo y se esconde en un rincón esperando una esperanza.

Aun percibo el olor de café recién hecho en la cocina, en aquella vieja cafetera. Después, solo *llega tu recuerdo en torbellino*...

33)

No hay azul más profundo que el del fondo del mar cuando lo miro con ganas de tragármelo.

Las algas, entre olas, me inyectan clorofila e intentan animarme. A veces lo consiguen. Mucho más que las ideas que corren por las venas de *mi frente marchita*. Gotas de sangre y agua, ácidas, estoque de la sabiduría del olvido. Como la espuma mezclada con la arena recordando una lluvia lenta y persistente.

Arena que la vida se llevó...

Pienso que, en los días de tanto desespero, el mar siempre recicla a sus muertos, esos que ya no existen y duelen tanto.

Y yo, como de costumbre, aún intento atrapar la música y *el último café* de aquellas noches ya pasadas en el piano bar, que también era azul como el fondo del mar, o a mí, entonces, me lo parecía.

34)

Yo soy primera persona del singular, tú eres segunda, pero no por eso menos importante.

Parte de mí quisiera un tú que ya no existe y a gotas te nombro. Mi voz camina hasta la cima de tu imagen. Sola.

Recuerdo tu desdén, te evoco sin razón...

Quizá parezca escandaloso que utilice algunos pronombres para hacer este escrito, pero me gustaría que sueñes tú por mí ya que el viento me arrastra y yo no puedo hacerlo.

Una caracola se llena con la espuma de una ola, se afianza en la arena como parásito que hubiese estado siempre ahí. No quiere dejarse arrastrar por el agua ni decir adiós.

¡Qué falta de resignación a desaparecer! ¿Acaso la vida no la ha maltratado? ¿O es que, algunos, aunque no quieran, se quedan siempre en el mismo sitio? ¿Cómo tú? ¿Y cómo yo? ¿O solo somos pronombres?

35)

Me quedaré un rato sentada para ver pasar el día. Pasará y llegará otro.

¿Será en vano permanecer aquí esperando la ilusión de una esperanza? Quizá.

Algunos simplemente se van. Se cansan. Yo sigo haciendo equilibrios entre la tristeza y la impotencia. Eso es un ejercicio mucho más complicado que bailar un tango o que salir huyendo. Mucho más difícil, y hay que tener paciencia para esperar un futuro mejor, aunque al final sepamos que todo pasa, y que también el miedo es inevitable. Mientras nos llega la muerte y el descanso, *vivimos revolcaos en un merengue ...*

Quizá el dolor que yo siento sea una manera de disminuir mi estupidez, porque todavía creo que puedo abarcar un poco de esperanza con las manos, escribiendo y acariciando *a un gato de porcelana pa'que no maúlle al amor.*

36)

Todo lo que sé, lo sé siempre a medias.

Hace mucho tiempo creo que yo era otra, y los años transcurridos, me parece, como si los hubiera vivido dos veces.

¿Tan largo y difícil es el camino? ¿Eso pienso? ¿Y eso es así de sencillo?

Caminito cubierto de cardos...

Estoy triste con esta realidad porque las circunstancias no dan para más. A veces estoy convencida de que escribir me puede convertir en esa otra persona que creo que era antes, pero siempre termino siendo yo ahora.

Ya nunca me verás como me vieras...

37)

A veces me pregunto si me entiende alguien o si alguien me entiende, porque todo lo que sé lo sé siempre a medias, de eso estoy segura.

En realidad, lo que escribo día tras día, año tras año, es lo que me ayuda a soportar esta vida llena de tanto oxigeno arrugado. Y soy una persona muy estúpida, porque sigo pensando que hasta mi rutina la he vivido dos veces. La memoria me lo repite muy a menudo, como una maldición. *Tal vez allá en la infancia su voz de alondra... ...se hace amarga en la sal del recuerdo.*

38)

Creo que la verdad ya no tiene nombre y que siempre escribo para huir de mí misma. Para huir. La huida quizá es la libertad del que huye, la libertad de quien nunca está en ningún sitio, sólo en su propia huida.

Es triste.

Las palabras que expreso no dejan de ser heridas personales mías y que espero que pronto cicatricen. Y nunca lo hacen.

A veces, la vida es muy prosaica, pero necesito vivirla toda para entender por fin que la muerte es un regalo. Quizá igual *que el amor, que el olvido...*

Las lágrimas pensadas se niegan a brotar

39)

Vuela por el aire una soledad de casa nueva y no quiero quedarme con el silencio y la tristeza que me acerca. Ese silencio canta bailando en mi cabeza y sé que alguien, con un párpado levantado, sonríe a la tristeza y le da la mano. Aun así, quiero impedir que caigan los dos sobre mi espalda, porque decir lo que opino parece demasiado fácil, pero conseguir que me comprendan sí que es un ejercicio muy difícil e imposible.

He visto pasar el día y la tarde, al lado del piano, *con este tango que es burlón y compadrito...*

Ahora ha llegado la noche acompañada de un galope de recuerdos. Dentro del reloj, como siempre, caminarán las horas, hasta que la música encuentre mi alma y la adormezca. Entonces, si tú me lees, y estás de acuerdo conmigo, *una sombra ya pronto serás, una sombra lo mismo que yo.*

40)

Me quedo un rato sentada leyendo cualquier cosa frente al televisor. Eso me deja un poco más triste de lo que estaba, Porque no sé si ya estoy en el fondo del abismo o simplemente voy hacia él.

Alguien dijo una vez que la vida es solo un episodio de tristeza, creo que tenía mucha razón. Pero a veces olvidamos lo que pueden hacernos sentir las cosas más pequeñas, hasta que lo recuerdas percibiendo un aroma, escuchando una música o mirando una foto.

Y mientras miro, te evoco sin razón, te escucho sin que estés...
Y lloras. Después no sé.

41)

Mi obsesión es la memoria, aunque a veces no quiero recordar. No quiero saber.

(Probablemente la memoria sea la única forma de eternidad a la que uno puede aspirar)

Quiero ser como agua cristalina que se escapa entre los dedos. Algo tenue, pero me parece mentira la realidad que me rodea. Por eso siempre quiero estar lejos, en cualquier otro sitio.

La vida es una herida absurda...
Quise abrigarla y más pudo la muerte.

42)

Nací en diciembre, **en un charco de luna** y no he sido lo que me habría gustado ser. Es culpa mía. Y me duele pensar en eso, no se puede volver atrás. Me duele siempre pensar en lo que no he sido. Pensarlo y escribirlo nunca me parecerá suficiente.

Creo que todos los años que he vivido me han caído encima de golpe. Y sé que es culpa mía. Me duelen también todas esas personas que habría podido ser si hubiese sabido elegir otras opciones.

Y eso ya es arena que la vida se llevó...

43)

Las fotos antiguas y la música de un tango me traen siempre muchos recuerdos. He celebrado cumpleaños, he caminado, bailado y reído, viajado y visitado monumentos, he ido a la playa, al teatro y al cine, pero eso fue antes, hace mucho tiempo. Lo viví. Y, después... *¡Ya sé, no me digás!* *¡Tenés razón!* Mi sueño de cristal esmerilado, se rompió.

Voy a contar las horas, los minutos, los segundos, como si contase ovejas, para caer rendida de cansancio y poder dormir en paz.

Quizá así ya **no habrá más penas ni olvido.**

44)

Los años se han ido convirtiendo en silencio. Es una caída lenta, pero dolorosa. Lo veo al reflejarse mi imagen delante del espejo, con reproche, con melancolía, con **pena de bandoneón...**

Aunque a veces una no quiera saber por qué los días no se detienen nunca. Tal vez es mejor así.

Quisiera que siempre fuera de noche, pero ahora, cuando ésta llega, no me trae descanso, solo tristeza.

¿Acaso no se ve la pena que me ha herido?
Hoy está solo mi corazón.

45)

No fui la que me hubiese gustado ser. Duele pensarlo. Quizá por eso escribo. Aunque a veces no es suficiente.

Cuando todas las puertas están cerradas y ladran los fantasmas, pienso que escribir es una pérdida de tiempo. Un desatino.

Y así se me va la vida, buscando una soledad tranquila. Un poco de paz, aunque sea como esa nube espesa, gris y triste, en la que estoy perdida.

Cerráme el ventanal que arrastra el sol...

Quizá vuelva a encontrarme en la inmensidad de algunas miradas, cuando la lluvia estalle y el último refugio del silencio lleve música de tango en sus alas.

De tarde, té con masitas, de noche, tango y champán

46)

Respiro retazos azules de nostalgia en un rincón oscuro del paisaje. Me retuerzo y me escondo debajo de mis pies, para escapar de tinieblas y evocados recuerdos.

Cierro los ojos y en mil pedazos se rompen los ruidos.

Y el mundo sigue andando...

47)

Causa, efecto. Dios, alma. Razón y fin.

Solo el último vacío me distrae de estas palabras que ya no sé lo que son ni lo que significan. Y estoy muriéndome de frío en un mínimo espacio, pero eso sí, dejo volar mil pájaros por las nubes, porque me doy cuenta de que la vida nunca da lo suficiente.

Soy una estrella en el mar...
... sin amor, sin fortuna...

48)

No tengo nada y juego a pensar en primaveras prestadas, porque el invierno se ha metido en mi cabeza. Eso ha sido como viajar sin equipaje.

Tal vez no lo sepáis, pero en la garganta tengo un nudo de pan ácimo.

Y amargura del sueño que murió...

49)

Me duelen la lluvia y el frío, en cada mirada que se cruza con la mía, en cada poro de la piel y en cada letra de mi nombre.

Y me hiere, también, la impaciencia de no entender según qué cosas. Además, el espejo siempre me observa con ojos contaminados de azabache cuarteado

¡Qué falta de respeto, qué atropello a la razón!

50)

Sentí en el alma una dulce aspereza, un té, una música, unas palabras y mi corazón latió al compás de una afinidad que nacía.

Gime bandoneón, tu tango gris, aquí estoy con mi desvelo...

Pero después, olvidé la música, la poesía, la letra del tango y los versos dejaron de venir a las esquinas de mis labios.

¿Se equivocó la vida? ¿Quién se equivocó? ¿O me equivoqué...?

51)

Las despedidas, dolores, angustias y cansancios, están aquí. No puedo intentar alejarlos, no gano nada siendo insensible o pareciéndolo. Admitirlo, vivirlo, es quizá un modo de reducir distancias y acortar el tiempo que me queda.

Escribir sobre eso, a veces, me puede hacer creer que soy una persona diferente, sobre todo si tengo otras historias que contar. Hay tantas en el mundo de las que no se sabe nada. Y es una pena.

Sé que mis escritos no arreglarán las cosas, aun así, debo seguir escribiendo, ya que las palabras son en mi vida la suma y, a la vez, el cuchillo que me mata. Lo que escribo no deja de ser el equipaje que arrastro en este camino por el que me tocó andar... ***camino sin más ley que su esperanza...***

52)

Hay «días de cuarzo y aristas», también *de azúcar y de hiel*. Y hay que vivirlos todos.

El universo por eso me parece vulnerable y me consta que los recuerdos y la nostalgia hacen que la vida, aunque no la entienda, me parezca un poco menos cruel y ácida. También soy consciente de que una princesa desencantada quiere decir, simplemente, que ha perdido su encanto y que, aunque haya suspiros que levantan brisas, mi corazón está loco y cansado de escribir palabras, aunque éstas, quizá, no tengan sentido para nadie. Pero para que no me dejen heridas de vidrio en el estómago, por callarlas, aquí las dejo.

Sí, hay «días de cuarzo y aristas» y también *de azúcar y de hiel*. Y hay que vivirlos todos.

Dolor de vieja arboleda, canción de esquina,
con un pedazo de vida, naranjo en flor...

– III –

El final del tango se pierde
en el techo de oscuros pensamientos,
y yo, abrazo las sombras.
Quiero acurrucarme en ellas para siempre,
mientras el día se consume, vacío ya de ideas.

A José Martínez (camarero y barman de La Tetera)

Silencioso, la vida escondida en la mirada que resbala, al parecer inexpresiva, avizorando sueños. De pie, pendiente siempre, navegas entre las risas de unos y de los otros, sirviendo infusiones, licores aderezados de esperanzas, y alguna caipiriña inesperada.

Intentas pasar inadvertido, pero no lo consigues. Tu prudencia, tu dulzura y esa sonrisa escasa y aniñada de tu boca conquistan corazones.

Frío y cálido, distante y cercano al mismo tiempo, protector y amigo...

José, encuéntrame perdida entre las tazas de té que olvido por las mesas. Y cuando la noche se encienda en el día y el piano, con su risa amarilla, nos arrastre en este torbellino que nos acompaña, déjame que salpique sobre tu pelo, como muestra de cariño, confetis verdiblancos. Y seguiremos, de madrugada, hablando de las líneas tenues de la vida, mientras el viento se aleja y se le olvida debajo del árido horizonte, una partitura con música de tango.

Para Alex Pedro (en el día de su fallecimiento)

Amigo, estás inmóvil. Ya no respiras. Así se te pasó la edad. Así la muerte.

Tu cabeza, de ceniza coronada, reposa en partituras que se arrugan a causa de tu ausencia.

Queja no habrá de tus labios sin sangre, quizá tan solo un ademán para tocar el piano. Y las notas, una vez más, escaparán de tus dedos invisibles, multiplicadas, pequeñas, sucesivas...

Pero ya no tendrán ni principio ni final, solo festejarán que un día sonaron y despertaron nuestras emociones. Bella forma de amar que tú nos regalabas, en esa hora indefinida de la tarde-noche.

Tus melodías nos persiguen como murmullos al oído, abrazándose al recuerdo de tu pasión por la música: novia tuya, dulce y blanca, de luz vestida.

Golpe de viento que anidó en tu pelo y que valdrá la pena recobrar, cualquier día, a la luz de las velas.

Y antes de que mi voz se apague en el silencio, ¿dime, amigo? ¿acaso sabes ya qué cosa o quién es el causante de que converjan dos vidas por un tiempo...?

Aunque ahora seas nada solamente, quisiera responderme a esa pregunta escuchando tu música otra vez. Pura magia que sacabas de un sombrero que parecía lleno de hojas secas.

Guardaré las notas que prendiste en mi cabello, por si vuelves...

Mientras, si puedes, permanece un instante más a nuestro lado. Míranos y comprueba como hoy nos duele hasta el aliento al recordarte.

A Chano Montes

(Querido Chano, acepta este poema, como el disfraz que me oculta en esta noche en la que me doy cuenta de que aún nos conocemos demasiado poco, y que no tiene más perdón que la sinceridad...)

Tienes el sentido derramado sobre ideas que sientes reventar entre las manos. Eres aire que es luz, eco y cuenco. Y contenemos la respiración para que los tonos ondulantes de tu voz nos transmitan el saber y la energía que posees.

Erguido al sol das polen y te callas dispuesto igual al viento que al rocío. Como las hormigas, transportas ramas y hojas de un sitio a otro. Aparentas no darte cuenta de nada, pero como el águila, miras siempre desde lo alto.

Hay estaño de estrellas en tus ojos en un brindis amistoso y nos haces presentir que, quizá, venimos del agua y de las rocas.

Ansia y convulsión de deseo, transparencia perforada de historias deslizándose de tu boca a nuestros corazones, llenándonos las mentes de cosas que no se pueden comprar ni vender.

Pecho de tierra mejicana que, de pronto, derrama su silencio en borbotones de palabras y en la noche se abre, como granada azul, a los afectos.

Mañana no habrá gaviotas desplegando alas de amianto hacia el sol, tan brutal y que no cesa, aunque desde aquí no lo veamos. En este recinto de paredes blancas e insonorizadas nosotros deseamos paz, amistad o amor y sobre todo buena compañía.

Sigue enseñándonos, Chano, y déjanos gozar de las historias que nos cuentas, mientras estamos, todos juntos, escuchando música de tango, alrededor de este piano.

Para Esther Carbonell

Sentimos sed del aire y de la luz oscura de la noche que nos trae tus canciones. Tu voz, como de mimbre y arpa nos levanta de la monotonía y nos empuja hacia el alba tensando nuestras esperanzas.

Nos ofreces un enjambre de olas, que rompen en tu boca, envolviéndonos como una serpentina de color indefinible.

Moviéndote en silencio, eres lengua de fuego sobre tristezas abandonadas, remolino de aguas, viña cálida o dramático poema, que resplandece dulce o punzante y nos seduce con melodías que enamoran mil veces. Eres pura y salvaje naturaleza, derramada armónicamente sobre el piano, para atraparnos por sorpresa.

Pero no somos dueños de la llave que puede abrir tu pecho, sino nudos de luces en tus manos, remontando la noche inevitable y larga.

En la distancia, nuestros ojos te admiran entrecerrados, llenos de preguntas, y tu boca responde susurrando ternura o deseo. Lujuria roja que se infiltra, desde tu garganta, en nuestra piel, como besos húmedos o recuerdos de mordeduras cárdenas.

Eres capaz de hacernos ver la luna tendida a ras del suelo y entregarnos las más bellas notas que buscaron los hombres en los atardeceres.

Por eso, Esther, la música, con tu voz especial, nos dejará, cautelosa y calladamente, en el aire de nuestros pensamientos, para siempre, aquella canción que cada noche nos dedicabas con Alex al piano... ¡Parole, parole, parole!

Y deseo que pueda volver a verte pronto, quizá mañana o cuando amanezca en otra vida.

Para Andrés Rivera (Pianista, cantante y confidente)

Estás aquí, con tu camisa blanca y los zapatos negros, abrigando pasos solitarios. Para mí, unas veces, estás cerca y otras lejos. Pero te has cruzado en mis acaeceres, por sorpresa, sin que yo lo buscase.

Hablamos una y otra vez, muy a menudo, y casi no nos conocemos. Sin embargo, nos comprendemos tanto, que me cuesta entenderlo.

Seguiremos charlando en otras noches en las que yo me sienta sola, y tú me escucharás, sin preguntarme nada.

Con los ojos cerrados acaricias las teclas del piano, sin equivocarte, y nos traspasas con tu voz cantando tangos.

Susurramos bajito nuestros problemas y preocupaciones, para no delatarlas ni descubrirlas al resto de la gente. Y no nos damos cuenta de que somos muchos los que estamos hundidos en esas oscuridades.

Después de escuchar mis palabras, gracias, por ofrecerme sonrisas tiernas, y canciones que abrigan el alma. Con tu amistad, siempre enciendes luces en mi camino. Me ayudan a sobrellevar este absurdo cotidiano que me rodea. Y a veces me decías como recitando estás palabras:

La hora. Ya es hora. Llega la hora. La hora, por fin. La hora deseada. Niña, hay muchas horas. Vive las que quedan.

¡Gracias, Andrés! Por la mirada de tus ojos atando y desatando mis noches tan frías. Por tus ánimos y tus palabras de entonces, aunque, para mí, las cosas han cambiado.
Hoy ya murió el criterio...
...El verdadero amor se ahogó en la sopa, la panza es reina y el dinero Dios...

Notas:

Aunque no en ese orden, las letras en cursiva y en rojo de los escritos pertenecen a versos de estos tangos:

Malena: letra y música/ Homero Manzi-Lucio Demare
El Choclo: Enrique Santos (Discépolo)-Ángel Villoldo
La última curda: Cátulo Castillo-Aníbal Troilo
Uno: Discépolo-Mariano Mores
Sur: Homero Manzi-Aníbal Troilo
A media luz: Edgardo Donato-Carlos Lenzi
Cambalache: Discépolo
Volver: Carlos Gardel-Alfredo Le Pera
Nostalgias: Enrique Cadícamo-Juan Carlos Cobián
Caminito: Gabino Coria Peñazola-Juan de Dios Filiberto
Mi Buenos Aires querido: Alfredo Le Pera-Carlos Gardel
Por una cabeza: Alfredo Le Pera-Carlos Gardel
Naranjo en flor: Homero Expósito-Virgilio Expósito
El día que me quieras: Alfredo Le Pera-Carlos Gardel
Esta noche de luna: Héctor Marcó-José García
Qué vachaché: Enrique Santos
El último café: Héctor Stamponi-Cátulo Castillo

Agradecimientos:

A todas las personas que convivieron conmigo en esos años del Klavier y La Tetera.

A mis hermanos Pilar y Carlos, que, aunque ya no están conmigo los llevo metidos en el corazón. Sé que Carlos corrige mis palabras y me ayuda a escribirlas, como hizo con mis anteriores escritos y seguirá haciéndolo en los próximos. Ninguno de los dos me dejará nunca.

A Sigfrido, por ser como es, por hacerme un prólogo como el que me ha hecho y por su amistad a pesar de la lejanía. Primero pensé en incluir una biografía suya en señal de agradecimiento, pero creo que con pocas palabras basta. Y lo que él mismo dice, al final de su escrito, lo define perfectamente. Así que no es necesario nada más:

«Sigfrido Quiróz Tognola. (Programador, fotógrafo, lector, cantante, poeta. Vividor de vida. Todo eso y también nada de eso)».

Y para ti, Amaya, como siempre.

Índice

El último café 5

Introducción por Inma Arrabal 7

Prólogo de Sigfrido Quiróz Tognola 9

– I – 13

1) Si llamas al cristal de mi ventana, ... 15

2) Quiero terminar pronto 16

3) Mi alma está sin luz, ... 17

4) Cuando aprieta la vida 18

5) Escribo en busca de una respuesta 19

6) Esta tarde la lluvia se pasea 20

7) Los blancos crisantemos 21

8) Susurros de irrealidad 22

9) Mueren los días vividos 23

10) En el «piano-bar» 24

11) Cubro la distancia 25

12) El pasado se persigue 26

13) Cuando se encienden las estrellas 27

14) Hoy por hoy, no tengo nada 28

15) A veces pienso que la tristeza es mi destino 29

16) Mi vida es pura rutina 30

17) Llevo letras de tangos 31

18) Aprisiono en las manos 32

19) Quisiera gritar, salir del círculo 33

20) ¿Acaso late el filo de la hoja de un cuchillo? 34

21) Las nieves del tiempo platearon mi sien 35

22) Dentro del corazón, los sueños hilados 36

23) La razón me tiene prisionera 37

24) Lo que escribo no puede regresarme 38

25) Un camino color del cobre 39

– II – 41

26) Un pensamiento con ausencia total 43

27) Toda mi vida es el ayer 44

28) Mi memoria está sujeta 45
29) De sol a sol dos perros 46
30) Cada día que pasa tengo más rasgada el alma 47
31) Creo que nunca estoy en ningún lado 48
32) Un murciélago 49
33) No hay azul más profundo 50
34) Yo soy primera persona del singular 51
35) Me quedaré un rato sentada 52
36) Todo lo que sé, lo sé siempre a medias. 53
37) A veces me pregunto si me entiende alguien 54
38) Creo que la verdad ya no tiene nombre 55
39) Vuela por el aire una soledad de casa nueva 56
40) Me quedo un rato sentada leyendo 57
41) Mi obsesión es la memoria 58
42) Nací en diciembre, en un charco de luna 59
43) Las fotos antiguas y la música de un tango 60
44) Los años se han ido convirtiendo en silencio 61
45) No fui la que me hubiese gustado ser 62
46) Respiro retazos azules de nostalgia 63
47) Causa, efecto 64
48) No tengo nada 65
49) Me duelen la lluvia y el frío 66
50) Sentí en el alma una dulce aspereza 67
51) Las despedidas, dolores, angustias y cansancios 68
52) Hay «días de cuarzo y aristas» 69

– III – 71

Silencioso, la vida escondida en la mirada 73
Amigo, estás inmóvil 74
Tienes el sentido derramado 75
Sentimos sed del aire 76
Estás aquí, con tu camisa blanca 77

Notas 78
Agradecimientos 79

Este libro
se terminó de imprimir el día
7 de abril de 2025,
aniversario del nacimiento
de Victoria Ocampo.

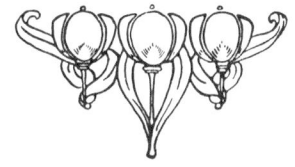